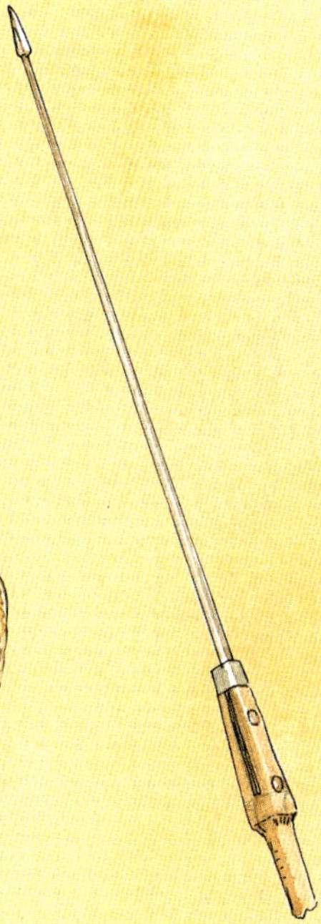

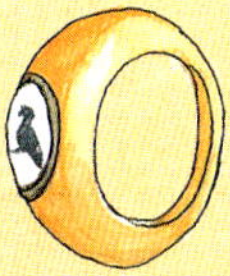

LEG·XX

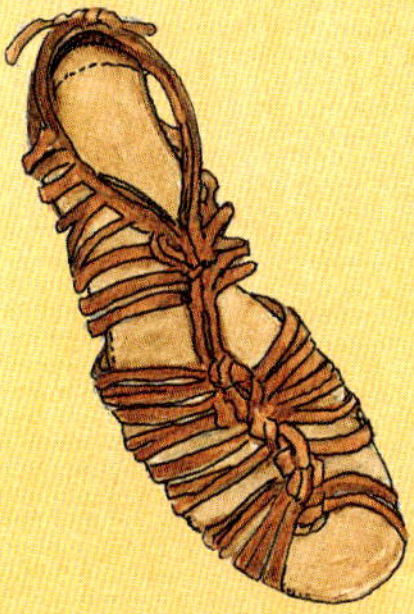

Imke Rudel

Leselöwen Römer-Wissen

Illustrationen von Udo Kruse-Schulz

Loewe

Bibliografische Information Der Deutschen Bibliothek
Die Deutsche Bibliothek verzeichnet diese Publikation in der Deutschen Nationalbibliografie; detaillierte bibliografische Daten sind im Internet über *http://dnb.ddb.de* abrufbar.

Der Umwelt zuliebe ist dieses Buch auf chlorfrei gebleichtem Papier gedruckt.

ISBN-10: 3-7855-5663-2
ISBN-13: 978-3-7855-5663-4
1. Auflage 2006

Umschlagillustration: Udo Kruse-Schulz
Umschlaggestaltung: Andreas Henze
Printed in Germany (017)

www.loewe-verlag.de

Inhalt

Aufregung beim Triumphzug

„Aufstehen, du Schlafmütze!“ Marcus rüttelt seine Schwester Julia heftig an den Schultern. Schläfrig will Julia sich noch einmal auf die andere Seite drehen, aber Marcus ist schneller. Mit einem Ruck zieht er ihr die Decke herunter.

„Kleine Brüder sind doch wirklich das Blödeste, was es gibt!“, denkt Julia und wirft Marcus einen bösen Blick zu.

„Du hast wohl vergessen, welcher Tag heute ist. Mutter sagt, du sollst dich beeilen.“ Mit diesen Worten schießt Marcus schnell aus der Tür, denn Julia hat ihr Kopfkissen in die Hand genommen und zielt damit in seine Richtung. Sofort lässt sie das Kissen wieder sinken.

„Natürlich, wie konnte ich das vergessen? Heute ist doch der große Triumphzug!“

Kaiser Vespasian hat mit der römischen Armee einen Sieg errungen. Das wird mit einem großen Triumphzug durch die Stadt gefeiert. Julia und Marcus dürfen als Zuschauer dabei sein.

Schnell steht Julia auf und geht ins Zimmer ihrer Mutter. Die Mutter ist schon in eine kostbare Stola gehüllt und wird gerade von einer Sklavin nach der neuesten Mode frisiert.

Der Vater von Julia und Marcus ist ein reicher Kaufmann. Sie wohnen in ihrem eigenen Haus. Zur Familie gehören viele Sklaven, die für sie arbeiten.

Auch für Julia liegt festliche Kleidung bereit, und sie lässt sich die Haare mit bunten Bändern hochbinden. Meistens findet sie es herrlich, frisiert zu werden. Aber heute ist sie viel zu ungeduldig, um lange still zu sitzen.

„Marcus hat es gut!“, denkt Julia. „Bei seinen kurzen Haaren braucht er noch nicht mal einen Kamm.“ Als endlich auch die Frisur ihrer Mutter fertig ist, warten Marcus und der Vater schon im Atrium, der großen Eingangshalle ihres Hauses, auf sie. Auch Faustus und Titus, die beiden stärksten Sklaven der Familie, sind da, um sie zu begleiten.

Als sie auf die Straße treten, hat Julia das Gefühl, dass alle Römer gleichzeitig unterwegs sind. Je näher sie zur Via Sacra, der „Heiligen Straße“, kommen, umso voller wird es. Auf dieser Straße wird nachher der Triumphzug durch Rom ziehen.

Faustus und Titus gehen voran und bahnen ihrer Familie einen Weg durch die Menschenmenge. Sie finden einen Platz ganz nah an der Straße, sodass Marcus und Julia alles gut sehen können.

„Am liebsten wäre ich jetzt da oben!“ Marcus zeigt mit dem Finger auf die Häuser, die hinter ihnen an der Straße stehen. Es sind Mietshäuser mit mehreren Stockwerken. An den Fenstern und auf den Balkonen drängeln sich die Menschen. Manche von ihnen schwenken bunte Tücher. Alle sind gut gelaunt, und es herrscht eine fröhliche Stimmung.

Als der Triumphzug endlich zu sehen ist, jubeln die Zuschauer laut auf.

Zuerst kommen Männer, die eine weiße Toga mit einem Purpurstreifen tragen. „Das sind die Senatoren, unsere hohen Beamten!“, erklärt der Vater. Marcus stößt Julia an: „Schau mal, die tragen ja rote Sandalen!“

Nach den Senatoren kommen Musiker mit verschiedenen Instrumenten. Hinter den Flötenspielern geht eine Gruppe von Trompetern, die mit roten Köpfen laute Fanfaren schmettern. Marcus findet die Trompetenmusik ganz scheußlich. Er hält sich die Ohren zu und will am liebsten davonlaufen.

Dann kommen in einer langen Reihe die Gefangenen, die mit Ketten aneinander gefesselt sind. Julia hat Mitleid mit ihnen, aber Faustus meint nur: „Das werden bestimmt gute Gladiatoren für die Kämpfe bei den Circusspielen."

Dahinter werden die Opfertiere vorgeführt. Es sind weiße Stiere, die mit roten Bändern geschmückt sind. „Kommen die Stiere auch in den Circus?", fragt Marcus.

„Nein", erklärt Faustus. „Die werden am Ende des Triumphzuges zu Ehren unseres Gottes Jupiter geopfert."

Damit sie noch besser sehen können, drängeln sich Marcus und Julia immer weiter nach vorne. Plötzlich stehen sie direkt vor einem riesigen Tier. Hastig zieht Julia ihren Bruder zurück. Das Ungetüm hebt seinen Rüssel und trompetet einmal kurz, bevor es weiterläuft. Marcus hält sich erschrocken die Ohren zu: „Hilfe, da kommen schon wieder diese schrecklichen Trompeter!“, ruft er laut.

Julia muss lachen, obwohl ihr noch etwas komisch im Bauch ist. So ein ungewöhnliches Tier hat sie noch nie gesehen!

Dann kommen in endlos langen Reihen

die Soldaten. Die meisten gehen zu Fuß, aber zwischendurch gibt es immer wieder Reiter auf Pferden. Direkt vor ihnen reitet gerade ein Zenturio mit seinem Federhelm auf einem weißen Pferd vorbei.

Da sieht Julia, wie von oben etwas Großes herunterflattert. Jemand hat beim Winken sein Tuch verloren. Es schwebt über die Köpfe der Zuschauer und fällt dem Pferd direkt vor die Hufe.

Das Pferd bekommt einen gewaltigen Schreck. Es steigt hoch auf die Hinterbeine und will losrennen. Mit großer Mühe hält sich der Reiter im Sattel und versucht, sein Pferd zu beruhigen. Die Zuschauer am Rand drängen eilig zurück, um nicht unter die Pferdehufe zu geraten.

Julia hat Marcus gerade noch an der Hand erwischt. Die beiden laufen weg, so schnell sie können. In dem Gedränge ist es gar nicht so leicht, auf den Beinen zu bleiben. Als sich der Aufruhr gelegt hat, bleibt Julia stehen und schaut sich um.

„Wo ist denn unsere Familie geblieben?“ Sie kann weit und breit kein bekanntes Gesicht entdecken.

Marcus zieht an ihrer Hand: „Komm schon. Wir müssen die anderen suchen!“

„Bleib hier, Marcus! Wir dürfen uns auf keinen Fall verlieren.“

„Wir müssen aber in diese Richtung!“, schreit Marcus sie an und will alleine loslaufen.

Verzweifelt hält Julia Marcus fest. Warum kann dieser Dickkopf nicht einmal auf sie hören?

Plötzlich steht ein Mann direkt vor Julia und greift ihr an den Hals. Dort hängt eine kleine Goldkette, die sie zur Geburt geschenkt bekommen hat.

Julia ist vor Schreck wie gelähmt. Sie kann keinen Finger bewegen. Da greift Marcus ein. Er schreit so laut er kann und tritt dem Dieb kräftig gegen das Schienbein. Völlig überrascht lässt der Mann Julia los und rennt davon.

Wie gut, dass auch Faustus den Schrei von Marcus gehört hat! Kurz darauf ist er bei den Kindern und bringt sie sicher zu ihren Eltern zurück.

Aufgeregt erzählt Julia, wie Marcus den Dieb vertrieben hat. Auf einmal fällt ihr etwas ein: „Ich habe mich ja noch gar nicht bei dir bedankt!“ Julia beugt sich schnell zu ihrem Bruder herunter und drückt ihm einen dicken Kuss auf die Nase. Marcus verzieht zwar erst mal das Gesicht, aber dann grinst er seine Schwester an.

„Manchmal ist es eben doch ganz gut, einen Bruder zu haben, oder?“

Das Römische Reich

Nach einer Sage soll Rom im Jahr 753 v. Chr. von den Zwillingen **Romulus und Remus** gegründet worden sein, die von einer Wölfin gesäugt wurden. Ob das wirklich stimmt? Genau wissen wir nur, dass Rom aus mehreren kleinen Siedlungen der Etrusker entstand.

Am Anfang wurde Rom von Königen regiert. Um 500 v. Chr. verjagten die Römer den letzten König. Von da an wählten die Bürger jedes Jahr zwei Anführer, die Konsul genannt wurden. Rom wurde dadurch eine Republik.

Julius Caesar

Mit **Julius Caesar** ging die Republik zu Ende. Er ließ sich zum Diktator, also zum Alleinherrscher, machen und wurde der mächtigste Mann in Rom. Nach seinem Tod wurde sein Atoptivsohn Oktavian der erste römische Kaiser und bekam den Namen **Augustus**.

Augustus

Um ihre Feinde zu besiegen und neue Gebiete zu erobern, brauchten die Römer ein großes **Heer**. Die Soldaten hießen Legionäre. Sie waren mit Helm, Schild und Schwert ausgerüstet. Ihren Oberkörper schützte eine Metallrüstung.

Zu Beginn hatte die Stadt Rom freundliche Beziehungen zu ihren Nachbarn. Das änderte sich, als Rom immer mächtiger wurde. Im Laufe der Zeit wurden die Nachbarn gezwungen, sich dem römischen Staat anzuschließen. So begann die Ausdehnung des **Römischen Reiches**.

Die Wette

Julius ist sauer. Seit einer Woche versucht er, seinen Lehrer zum Lachen zu bringen. Aber keine seiner tollen Ideen hat bisher funktioniert.

Zusammen mit seinem Freund Caius geht er in die Schule von Linos, einem griechischen Lehrer. Nur die Kinder aus reichen Familien können sich den Unterricht bei Linos leisten. Meistens sind Julius und Caius sehr stolz auf ihre Schule. Aber sie finden oft, dass ihr Lehrer zu streng ist.

„Wenn Linos wenigstens ab und zu mal richtig lachen würde, wäre es nicht so schlimm“, meint Julius eines Tages. „Warum macht er bloß immer so ein grimmiges Gesicht?“

„Wahrscheinlich sind seine Mundwinkel angewachsen“, erklärt Caius, „und darum kann Linos gar nicht lachen.“

„So was Doofes habe ich ja noch nie gehört!“, ruft Julius. Caius ist zwar sein

Freund, aber manchmal redet er wirklich dummes Zeug.

„Der Unterricht ist einfach zu langweilig. Ich glaube, wenn mal etwas richtig Lustiges passieren würde, könnte Linos auch lachen. Ich wette mit dir um zehn Murmeln, dass ich ihn dazu bringen kann."

„Einverstanden", sagt Caius sofort, denn Julius hat die schönsten Murmeln der ganzen Klasse.

Seitdem hat Julius sich ein paar Sachen einfallen lassen, die Caius und die anderen Schüler richtig lustig fanden: Am ersten Tag kam er mit vielen roten Punkten im Gesicht in die Schule. Caius bekam

Schluckauf vor lauter Lachen. Aber Linos hat ihn nur zum nächsten Brunnen geschickt, um die Punkte abzuwaschen.

Am Tag danach hat Julius ein Bild von Linos auf eine Wachstafel geritzt und an die Wand gehängt. Das Bild ist richtig gut geworden. Seine Freunde haben sehr darüber gelacht. Aber als Linos kam, hat er kaum einen Blick darauf geworfen. Er nahm einfach die Tafel von der Wand, glättete das Wachs und fing an zu schreiben.

„Das gibt es doch gar nicht!“, dachte Julius. „Hat Linos sich etwa nicht erkannt?“

Gestern hat er ein Fläschchen Essig in den Wasserkrug gefüllt, weil sauer ja lustig machen soll. Aber Linos hat aus dem Krug getrunken, ohne eine Miene zu verziehen.

Langsam glaubt Julius, dass Caius doch Recht hatte: Vielleicht kann Linos gar nicht lachen?

Zum Glück hat er noch eine richtig gute Idee. Am nächsten Tag bringt er seine zahme Maus mit. Ihre Kletterkünste fand bisher noch jeder komisch.

Vor Beginn des Unterrichts setzt er sie in eine Kiste mit Schriftrollen, die in einer Ecke steht. Es dauert lange, aber dann wird auch Linos durch die Grimassen seiner Schüler auf das leise Knistern in der Kiste aufmerksam.

Er steht schließlich auf, und Julius und Caius können sich nicht mehr beherrschen. Sie prusten und gackern laut los. Als Linos die Papyrusrollen aus der Kiste zieht, bleibt ihnen das Lachen allerdings im Hals stecken: Die Maus hat ganze Arbeit geleistet und sich durch drei Rollen durchgeknabbert. „Ich konnte doch nicht ahnen, dass ihr die alten Schriftrollen so gut schmecken!“, stammelt Julius.

„Meine wertvollen Abschriften aus der Bibliothek von Alexandria!“, stöhnt Linos und schaut fassungslos auf die durchlöcherten Rollen in seiner Hand. Er dreht sich zu Julius und Caius um und bekommt einen Wutanfall, wie ihn seine Schüler noch nie erlebt haben. Und dann brummt er den beiden auch noch eine dicke Strafarbeit auf.

„Na super!“, mault Caius, als sie gemeinsam nach Hause gehen. „So ein Pech, dass ich die Strafarbeit auch machen muss.“

„Du hast schließlich auch bei der Wette mitgemacht“, entgegnet ihm Julius. „Außerdem können wir froh sein, dass Linos keinen Brief an unsere Väter geschrieben hat.“

Bei diesen Worten hellt sich Caius' Miene wieder auf: „Stimmt ja, die Wette: Die habe ich wohl klar gewonnen!"

Zähneknirschend hält Julius ihm seinen Beutel mit den Murmeln hin. Und natürlich sucht Caius sich die schönsten heraus.

Seufzend macht Julius sich zu Hause an die Arbeit. Bis morgen muss er alle griechischen Vokabeln lernen, die sie im letzten Monat durchgenommen haben. Die Jungen haben beschlossen, ausnahmsweise mal richtig zu arbeiten. Damit ihr Lehrer nicht doch noch auf die Idee kommt, an ihre Väter zu schreiben.

Am nächsten Tag hat Linos sich wieder beruhigt. Zum Glück hat die Maus seine kostbaren Papyrusrollen nicht ganz zerstört. Es sind nur Stellen angeknabbert, die nicht beschriftet waren. Ob ihr die Tinte nicht geschmeckt hat?

Leider hat Linos die Strafarbeit trotzdem nicht vergessen, und er fragt Caius und Julius gleich am Morgen ab. Beide haben bis in die Nacht ihre Vokabeln geübt und machen nicht einen einzigen Fehler. Als sie fertig sind, sagt Linos zunächst kein Wort.

Dann läuft sein Gesicht auf einmal rot an. Er beginnt zu zucken und gibt glucksende Geräusche von sich. Caius und Julius schauen sich betroffen an. Ist ihr Lehrer jetzt verrückt geworden?

Julius merkt es als Erster: „Linos, du kannst ja doch lachen!"

Es dauert eine Weile, bis der sich beruhigt hat und ihm antworten kann. „Natürlich, was dachtest du denn?"

„Aber ich habe doch die ganze Zeit lustige Sachen gemacht, damit du endlich einmal lachst!"

„So etwas habe ich mir schon gedacht, aber deine Scherze fand ich überhaupt nicht komisch. Wirklich lustig finde ich, dass ihr beiden dadurch endlich einmal eure Vokabeln gelernt habt!“ Jetzt lacht Linos richtig.

Verblüfft schauen die Jungen sich an: Sie werden ihren Lehrer wohl niemals verstehen.

Da geht plötzlich ein Strahlen über Julius' Gesicht. „Dann habe ich die Wette ja doch gewonnen!“

Glücklich holt er seine und zehn weitere Murmeln aus Caius' Beutel. Für seine Murmeln würde er die Vokabeln sogar noch einmal lernen.

Die Römer

Die römische Bevölkerung bestand aus verschiedenen Schichten: Die Bürger bildeten die Oberschicht. Nur sie durften wählen und ein öffentliches Amt ausüben. Unter den Bürgern gab es die Patrizier (die reichen Adeligen) und die Plebejer (das normale Volk).

Die Unterschicht der Nichtbürger bestand aus freigelassenen Sklaven und aus den Bewohnern der römischen Provinzen (das waren die von den Römern besetzten Gebiete). Auch Frauen besaßen kein volles Bürgerrecht und durften z. B. nicht wählen.

Die Sklaven standen noch unter den Nichtbürgern. Sie mussten die meisten Arbeiten für ihre Herren erledigen und hatten oft ein sehr hartes Leben. Sklaven galten als Besitz ihres Herrn und hatten keinerlei Rechte. Gelegentlich wurden sie freigelassen oder konnten sich ihre Freiheit kaufen.

In römischen Familien hatte allein der Mann das Sagen. Der Pater familias (der Vater) bestimmte über alle Mitglieder seiner Familie, ganz egal, wie alt sie waren. Auch die Sklaven gehörten mit zu dieser Familie.

Von einer Frau wurde erwartet, dass sie sich um ihren Mann, die Kinder und den Haushalt kümmerte. Mädchen bekamen nur eine sehr geringe Schulbildung. Zum Glück gab es aber auch Ausnahmen.

Nur wenige Kinder konnten zur Schule gehen, denn sie kostete Geld. Dort lernten die Schüler lesen, schreiben und rechnen. Nach vier Jahren war die Schulzeit für Mädchen meist beendet. Jungen durften auf einer höheren Schule weiterlernen.

Die verschwundene Stola

„Geschafft!“, stöhnt Flavia und wischt sich den Schweiß von der Stirn. Gerade hat sie den Heißluftraum ausgewischt und ist dabei ganz schön ins Schwitzen gekommen. Die Heizkessel im Keller werden schon seit dem frühen Morgen angeheizt. Flavia fühlt sich wie in einem Backofen.

Gleich kommen die ersten Gäste zum Baden in die Therme. Flavia und die anderen Sklaven haben bis dahin noch alle Hände voll zu tun.

Als sie aus dem Heißluftraum kommt, läuft sie fast in Publius hinein. Aus ihrem Eimer schwappt etwas Wasser auf seine saubere Tunika. Publius ist der Herr über alle Sklaven, die in der Therme arbeiten.

Er schaut Flavia ärgerlich an. „Pass doch auf! Hast du keine Augen im Kopf? Im Massageraum fehlen Handtücher. Besorg frische, und bring sie hin.“ Flavia nickt ergeben und läuft schnell los.

Ihre Eltern sagen immer: „Wir haben Glück mit Publius. Er ist ein guter Herr.“ Aber Flavia hat trotzdem etwas Angst vor ihm.

Schnell holt sie frische Handtücher aus der Wäscherei und bringt sie in den Massageraum. Dort bereitet ihre Mutter alles für die Besucher vor. Sie kontrolliert die Ölfläschchen und die Scheuerbürsten aus Metall. Mit ihnen wird der Schmutz von der Haut geschabt. Nach dem Baden lassen sich die Römer gern noch massieren und hinterher mit einem Duftöl einreiben. Flavia schnuppert kurz an dem Fläschchen mit Rosenöl. Dann läuft sie schnell in den Umkleideraum.

An den Wänden gibt es viele Fächer. Dort können die Gäste ihre Kleider lassen. Flavia passt darauf auf, während sie im Bad sind.

Schon kommen die ersten Römerinnen. Vormittags dürfen nur Frauen in die Therme. Die Männer sind erst am Nachmittag an der Reihe.

„Hallo, Flavia!“, ruft jemand leise.

Gerade ist eine alte Römerin mit ihrer Sklavin Claudia gekommen. Flavia freut sich darüber, denn Claudia hat immer gute Laune. Erst hilft sie ihrer Herrin beim Ausziehen, dann kommt sie zu Flavia herüber. Bei jedem Besuch hat sie eine spannende Neuigkeit für Flavia.

Claudia beginnt gerade mit einer lustigen Geschichte von ihrer Herrin, als sich eine Frau vor den Mädchen aufstellt. „Schwatzt hier gefälligst nicht herum“, fährt sie die Mädchen an, „ihr seid hier zum Arbeiten und nicht zum Vergnügen!“ Dann wendet sie sich an Flavia: „ Und du, pass mir ja gut auf meine Kleidung auf!“

Flavia ist sofort still und macht ein betretenes Gesicht.

„Mach dir nichts draus“, tröstet Claudia sie, als die unfreundliche Römerin den Umkleideraum verlassen hat. Und leise erzählt sie Flavia die Geschichte zu Ende: „Du weißt ja, dass meine Herrin sehr kurzsichtig ist. Neulich war sie zum Gastmahl bei Senator Mucius eingeladen. In seiner Eingangshalle steht eine Statue aus weißem Marmor. Und stell dir vor: Da hat meine Herrin die Statue begrüßt! Sie hat gedacht, es sei der Senator in seiner weißen Toga."

Jetzt kann auch Flavia wieder lächeln.

Leider kommt Claudias Herrin schon bald zurück. Claudia läuft sofort zu ihr, um ihr beim Anziehen zu helfen. Aber ihre Herrin sagt: „Das mache ich heute allein. Du musst schnell noch einmal auf den Markt laufen. Ich habe vergessen, den Fisch für heute Abend zu kaufen. Beeil dich, damit du noch einen frischen bekommst!" Sofort macht sich Claudia auf den Weg.

Die alte Römerin braucht lange zum Anziehen. Sie hält sich jedes Kleidungsstück zuerst ganz dicht vor die Augen. Aber schließlich schafft sie es doch.

Bald nachdem sie gegangen ist, kommt auch die übellaunige Römerin zurück. Sie beachtet Flavia mit keinem Blick und beginnt damit, sich anzuziehen.

Plötzlich stößt sie einen lauten Schrei aus und stürzt auf Flavia zu: „Was hast du mit meiner Stola gemacht?“, fährt sie Flavia an. „Wo hast du sie versteckt? Ich will auf der Stelle den Verwalter sprechen!“

Als Publius kommt, kreischt die Römerin sofort los. „Dieses Sklavenmädchen hat meine Stola gestohlen!“

Flavia möchte am liebsten im Boden versinken. Oder wenigstens ganz schnell unsichtbar werden. Mit gesenktem Kopf steht sie da und wagt es nicht, jemanden anzusehen.

Ganz ruhig fragt Publius: „Wo lag denn die Stola?“

„Genau in diesem Fach. Und jetzt ist sie verschwunden. Die Stola ist sehr kostbar.

Ich will diese Sklavin hier nicht mehr sehen."

Flavia wird vor Schreck käseweiß. Hoffentlich darf sie zum Arbeiten in der Therme bleiben.

Publius geht zu dem Fach, auf das die Römerin gezeigt hat. Im Fach direkt nebenan liegt eine einzelne Stola. Er nimmt sie heraus und hält sie der Frau hin. Sie ist aus sehr feinem Stoff und hat eine kostbar bestickte grüne Bordüre.

„Nein, das ist nicht meine Stola. Die Bordüre an meiner Stola war blau. Bestimmt hat das Sklavenmädchen sie gestohlen!"

In diesem Moment kommt Claudia wieder zur Tür herein. Über dem Arm trägt sie eine Stola mit blauer Bordüre.

„Oh, da ist sie ja!", ruft Claudia, als sie die Stola in Publius' Händen sieht. „Aus Versehen hat meine Herrin vorhin eine falsche Stola angezogen. Sie kann nicht gut sehen und bittet vielmals um Entschuldigung." Und noch bevor jemand etwas sagen kann, ist Claudia wieder verschwunden. Diesmal nimmt sie natürlich die richtige Stola mit.

Plötzlich ist die unfreundliche Römerin ganz leise geworden. Hastig wirft sie sich ihre Stola über. Dann verschwindet sie genauso schnell wie Claudia, ohne noch ein einziges Wort zu sagen.

Publius schaut Flavia an. „Ich wusste genau, dass du die Stola nicht gestohlen hast."

Flavia purzeln ganz viele Steine vom Herzen. „Dann darf ich hier bleiben?"

„Natürlich, was ist denn das für eine dumme Frage?", brummt der Verwalter.

Und auf einmal findet Flavia auch, dass Publius ein wirklich guter Herr ist.

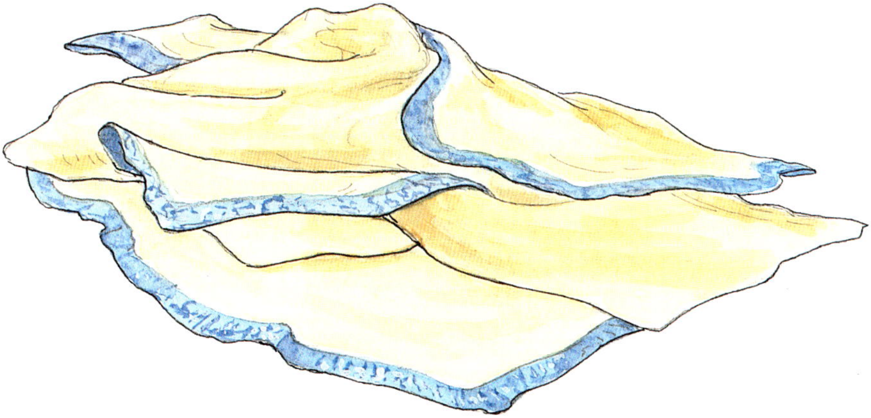

Alltag im alten Rom

An normalen Tagen war das Essen bei den Römern sehr einfach: Es gab Brot oder Getreidebrei, vielleicht sogar etwas Käse, Gemüse oder Obst. Arme Leute hatten nur selten die Möglichkeit zu kochen. Sie kauften sich warmes Essen in einer Garküche.

In reichen Familien gab es abends oft ein großartiges Gastmahl. Mit kostbaren Zutaten wurden außergewöhnliche Mahlzeiten gekocht. Die Gäste lagen beim Essen um den Tisch herum und aßen meist mit den Fingern.

Nicht nur die Frauen, sondern auch die Männer achteten sehr auf ihre Kleidung. Alle trugen eine Tunika, eine Art kurzes Kleid. Die vornehmen Männer trugen darüber eine Toga. Die Frauen ein Kleid, das Stola genannt wurde.

Auch auf modische Frisuren wurde viel Wert gelegt. Frauen trugen manchmal sehr kunstvolle Lockenfrisuren. Mal waren die Männer glatt rasiert, später wurden Bärte modern. Schminke und Schmuck waren ebenfalls sehr beliebt.

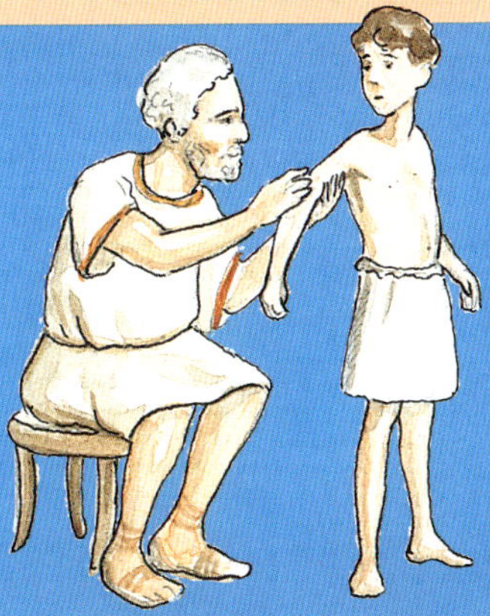

Die Römer dachten, dass Krankheiten eine Strafe der Götter seien. Dann beteten sie zu den Göttern und brachten ihnen Opfer, um wieder gesund zu werden. Es gab aber auch Ärzte, die Heilkräuter und Salben verschrieben und einfache Operationen durchführen konnten.

Jeder Römer ging regelmäßig in die **Thermen**. Das waren die öffentlichen Bäder. Dort konnte man nicht nur baden, sondern auch Sport treiben und Freunde treffen. Auch Essen und Getränke gab es hier, und manche Thermen hatten sogar eine Bibliothek.

Der stärkste Gladiator von Rom

Am liebsten würde Fabius vor Freude laut jubeln, aber das geht leider nicht. Sein Vater ist ein bekannter Senator. Er besteht darauf, dass sein Sohn sich in der Öffentlichkeit wohl erzogen und gesittet benimmt. Die beiden sind gerade im Kolosseum angekommen, wo heute Circusspiele stattfinden. Darauf freut sich Fabius schon lange.

Obwohl es noch früh ist, sind die meisten Zuschauer schon da. Alle Römer lieben die Circusspiele und wollen keine Minute versäumen. Viele tausend Menschen sind im Kolosseum versammelt und machen einen fröhlichen Lärm.

Weil sein Vater ein wichtiger Mann ist, dürfen sich die beiden auf die besten Plätze in den vorderen Reihen setzen.

Verkäufer gehen herum und bieten Essen und Getränke an. Fabius' Vater kauft

Obst und kleine Weizenkuchen, denn beide haben noch nicht gefrühstückt.

„Die Spiele beginnen heute mit einer Tierjagd“, erzählt er seinem Sohn. So etwas hat Fabius noch nie gesehen. Er ist schon sehr gespannt.

Für die Tierjagd wird die Arena extra umgebaut. Normalerweise ist der Boden der Arena komplett mit Sand bedeckt, aber jetzt stehen überall kleine Gruppen von Bäumen und Büschen. Es gibt sogar einen künstlichen See, auf den gerade ein Boot geschoben wird.

„Schau mal: Das sieht aber merkwürdig aus!“, ruft Fabius. „Auf dem Wasser sind überall kleine grüne Klumpen.“

Sein Vater will ihm gerade antworten, als plötzlich ein riesiges grünes Maul aus dem Wasser auftaucht und nach dem Boot schnappt. Vor Schreck lässt Fabius fast seinen Apfel fallen.

Jetzt erkennt er auch, woher die seltsamen Klumpen kommen: Es sind die Augen und Nasenlöcher von großen Tieren, die träge im warmen Wasser liegen. „Das sind Nilkrokodile!“, erklärt sein Vater.

Plötzlich tauchen zwischen den Bäumen wilde Tiere und Jäger mit langen Speeren auf.

„Wo kommen die denn auf einmal her?“, fragt Fabius erstaunt.

„Im Boden sind überall versteckte Falltüren. Und es gibt Aufzüge, mit denen die Tiere von unten in die Arena gehoben werden können.“

„Wirklich praktisch!“, findet Fabius.

Die meisten Tiere hat er noch nie gesehen. Sie wurden von weit her für die Circusspiele nach Rom gebracht.

Sein Vater erzählt: „Heute sind außer den Krokodilen noch Löwen, Bären, Schlangen und Elefanten in der Arena."

Die Löwen gefallen Fabius am besten. Die sehen so stark und mächtig aus. Aber als ein Löwe ganz dicht an ihm vorbeiläuft, bemerkt Fabius dessen unangenehmen Geruch. Er muss sich die Nase zuhalten, und der Appetit auf seinen Weizenkuchen ist ihm auch vergangen.

Nach der Tierjagd gibt es eine lange Pause. Erst am Nachmittag geht es mit den Kämpfen der Gladiatoren weiter.

Sein Vater steht auf. „Komm, Fabius! Wir gehen so lange in die Gladiatorenschule.

Wir wollen Burrus viel Glück für seinen Kampf wünschen."

Burrus ist ein berühmter Gladiator. Fabius' Vater hat viel Geld auf seinen Sieg gewettet.

Die Gladiatoren leben und trainieren in der großen Gladiatorenschule neben dem Kolosseum. Da sein Vater den Besitzer der Schule gut kennt, dürfen er und Fabius beim Training zuschauen.

Alle Gladiatoren bereiten sich auf die Kämpfe am Nachmittag vor. Burrus ist ein Schwertkämpfer und macht gerade einen Übungskampf.

Die Anfänger benutzen Holzschwerter, damit sie sich nicht verletzen. Einer übt mit einer Puppe. Sie besteht aus einem ausgestopften Sack, an dem Arme aus Stroh befestigt sind, und hängt an einem Gestell. Jemand hat der Puppe mit Kohle ein grinsendes Gesicht gemalt. Fabius muss ebenfalls grinsen, als er das sieht.

Plötzlich steht Burrus direkt vor ihm.

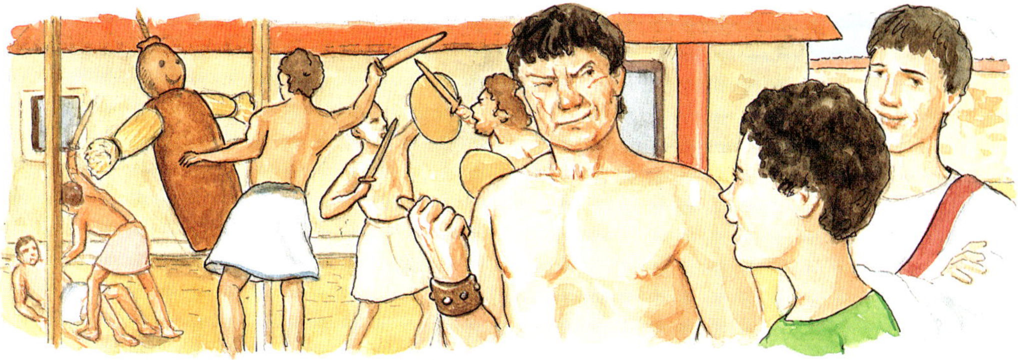

Etliche Narben in seinem Gesicht zeigen, dass er schon viele Kämpfe überstanden hat. „Du lachst doch wohl nicht über unseren Rompus, oder? Ich kann dich nur vor ihm warnen. Er ist der stärkste Gladiator der ganzen Schule!“

Fabius schaut ihn ungläubig an. Eine Puppe soll der stärkste Kämpfer sein? Das meint Burrus doch wohl nicht im Ernst?

„Wenn du mir nicht glaubst, kannst du ja mal versuchen, Rompus zu schlagen.“ Der Gladiator hält Fabius ein Holzschwert entgegen. „Ich verrate dir noch einen Trick: Wenn du deinen Gegner direkt an der Schulter triffst, kann er seinen Arm nicht mehr so gut benutzen.“

„Guter Tipp!“, denkt Fabius.

Aber warum grinst Burrus plötzlich über das ganze Gesicht?

„Na, egal“, denkt Fabius, „ich werde ihm schon zeigen, wie ich mit einer Puppe fertig werde.“

Fabius packt das schwere Holzschwert fest mit beiden Händen und nimmt Anlauf. Er hebt das Schwert mit aller Kraft nach oben und trifft Rompus genau an der rechten Schulter.

„Treffer!“, schreit Fabius begeistert und dreht sich nach Burrus und seinem Vater um. Im nächsten Moment bekommt er einen heftigen Stoß von hinten. Plötzlich liegt er der Länge nach im Sand. Verwirrt

hört Fabius das schallende Gelächter von Burrus und schaut sich um. Die Übungspuppe dreht sich an ihrem Strick immer noch heftig hin und her. Den Stoß in den Rücken hat ihm ein Stroharm von Rompus gegeben.

Immer noch vor sich hin glucksend, streckt Burrus ihm eine seiner riesigen Hände entgegen und zieht Fabius wieder auf die Beine. „Tut mir Leid, aber ich habe echt nicht geglaubt, dass du so viel Kraft in den Armen hast. Respekt, mein Junge!"

Zuerst ist Fabius etwas beleidigt, weil Burrus sich einen Scherz mit ihm erlaubt hat. Aber dann freut er sich doch über das Lob des Gladiators.

Zum Abschied gibt Burrus ihm noch einen kräftigen Klaps auf die Schultern. Fast wäre Fabius wieder kopfüber in den Sand gefallen. Aber diesmal nur fast.

„Burrus hat Recht!", denkt Fabius. „Rompus ist wirklich der stärkste Gladiator."

Brot und Spiele

Viele Menschen in Rom waren sehr arm. Um das Volk trotzdem bei guter Laune zu halten, gab es an Festtagen **panem et circenses**, das heißt: Brot und Spiele. Der Kaiser oder reiche Adelige spendeten Getreide oder ein großes Essen für die Armen und veranstalteten Circusspiele.

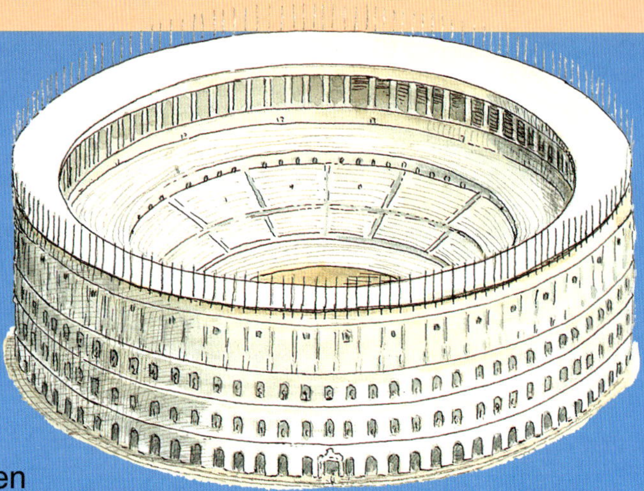

Das **Kolosseum** war das größte Bauwerk von Rom. 50 000 Zuschauer konnten hier die Circusspiele anschauen (so viele wie in einem Fußballstadion). Besonders beliebt waren die Kämpfe der Gladiatoren. Für eine Seeschlacht konnte sogar die gesamte Arena unter Wasser gesetzt werden.

Sehr gerne sahen die Römer Wagenrennen im **Circus Maximus**. Die Wagenlenker fuhren in offenen Wagen, die von zwei oder vier Pferden gezogen wurden. Sie mussten insgesamt sieben Runden fahren.

Auch zu Hause wollten die Römer gern unterhalten werden. Wer genug Geld hatte, kaufte sich begabte Sklaven, die etwas vorführen konnten. Bei einem Festessen wurden die Gäste von ihnen mit Tanz und Musik erfreut.

In allen großen Städten des Römischen Reiches gab es **Theater**. Mit komischen und traurigen Stücken wurde das Volk dort unterhalten. Die Schauspieler trugen häufig Masken, um eine bestimmte Figur darzustellen.

Ceres, die Göttin des Ackerbaus

Die Römer glaubten an verschiedene **Götter und Göttinnen**. Einige waren mächtiger als andere, und jeder war für etwas Besonderes zuständig. Durch Gebete und Opfergaben konnten die Götter freundlich gestimmt werden.

Livias Glückstag

„Livia! Wo steckst du schon wieder? Komm sofort hierher!“ Die laute Stimme schallt durch das ganze Treppenhaus. Erschrocken schaut Livia ihre Freundin Cornelia an. „Bis gleich“, flüstert sie und läuft die Treppen nach unten, so schnell sie kann.

„Na endlich“, schimpft ihre Mutter und schaut Livia scharf an. „Hast du dich etwa wieder mit dem verlausten Mädchen von oben herumgetrieben? Hilf lieber deinem Vater dabei, den Wagen zu packen.“

„Sie hat überhaupt keine Läuse!“, will Livia noch sagen, aber ihre Mutter hat sich schon umgedreht und redet laut auf Onkel Antonius ein, der am großen Backofen steht.

Livia geht durch die Bäckerei zu ihrem Vater, der gerade Körbe mit Broten und Kuchen füllt. Die meisten Kunden kommen selbst in die Bäckerei. Aber den wichtigen Kunden bringt Livia ihre Bestellungen ins Haus.

„Was hat Mutter bloß gegen Cornelia?“, will sie von ihrem Vater wissen, aber der brummt nur vor sich hin und antwortet nicht. „Cornelia kann doch nichts dafür, dass ihre Familie ärmer ist als wir. Was ist denn daran so schlimm?“

Livia ist wirklich traurig darüber, dass ihre Mutter Cornelia nicht mag. Denn Cornelia ist ihre beste Freundin. Mit ihr kann sie über alles reden. Beide Mädchen wohnen im gleichen Mietshaus. Livias Familie gehört die Bäckerei im Erdgeschoss. Die große Wohnung der Familie liegt direkt darüber. Ihre Freundin Cornelia wohnt mit ihrer Mutter in einer kleinen Wohnung unterm Dach.

Ihr Vater hat inzwischen alle Körbe gepackt. „Pass gut auf: In diesem Korb sind die kleinen Kuchen für den Senator. Er gibt heute ein großes Gastmahl. Es ist sehr wichtig, dass die Kuchen rechtzeitig in seinem Haus sind, verstanden?“

„In Ordnung, Vater, am besten lade ich sie als Letztes auf den Wagen. Dann kann nichts darauf fallen und sie zerdrücken. Wohin soll ich die anderen Körbe bringen?“

Livia stellt den großen Korb mit den Kuchen auf die Seite. Ihr Vater reicht ihr die übrigen Backwaren und sagt ihr bei jedem Korb den Namen des Kunden: „Zwei Brote für Weinhändler Marius."

„Zwei Brote für Marius", wiederholt Livia und verstaut den Korb auf ihrem kleinen Handwagen. Sie muss sich alle Namen merken, denn schreiben kann sie nicht. Für eine Schule haben ihre Eltern kein Geld. Zum Glück hat sie ein gutes Gedächtnis und vergisst selten etwas.

Livia zieht los, als die Körbe sicher untergebracht sind.

Vor lauter Vorfreude ist sie ganz kribbelig, denn sie hat sich heimlich mit Cornelia verabredet. „Hallo, hier bin ich!", ruft sie fröhlich, als sie an der nächsten Straßenecke ankommt. Ihre Freundin wartet dort auf sie. Zu zweit ist es viel leichter, den Wagen zu ziehen. Es macht Livia großen Spaß, Cornelia von ihren Kunden zu erzählen. Und die Zeit vergeht dabei viel schneller. Der Weinhändler Marius schenkt ihnen eine Hand voll blaue Weintrauben.

Als nur noch drei Körbe im Wagen sind, meint Livia: „Komm, wir haben uns eine Pause verdient." Sie setzen sich auf eine Mauer am Tiber und essen die Weintrauben. Die Kerne spucken sie in den Fluss.

„Als Nächstes müssen wir zum Senator", erzählt Livia. „Du kannst dir nicht vorstellen, wie wunderschön sein Haus ist. Heute Abend ist bei ihm ein großes Fest. Da gibt es dann unsere Kuchen!"

Ach, du liebe Zeit! Jetzt erst fällt es Livia ein: Die Kuchen stehen ja noch in der Bäckerei! Ausgerechnet heute hat sie nicht an den Korb für den wichtigsten Kunden gedacht.

„Mit dem Wagen schaffen wir es niemals, den Korb rechtzeitig zu holen.“ Livia ist ganz verzweifelt. „Wenn ich ohne das Geld für die Kuchen nach Hause komme, bekomme ich mit Sicherheit Hausarrest, und wir können uns lange nicht sehen. Was soll ich nur tun?“

Zum Glück ist Cornelia auch noch da. „Du läufst schnell alleine los und holst die Kuchen. Ich passe so lange auf den Wagen auf.“

Livia strahlt ihre Freundin an: „Super Idee! Wie gut, dass du gerade heute mitgekommen bist!“ Dann rennt sie los, so schnell sie kann.

„Hoffentlich sieht mich zu Hause niemand!“, denkt sie. Aber heute ist wohl nicht ihr Glückstag: Natürlich hat ihre Mutter sie bemerkt und beginnt sofort zu fragen: „Wieso bist du schon wieder da? Was willst du mit diesem Korb? Und wo ist der Wagen?“

Schnell schnappt Livia sich den Korb. Über ihre Schulter ruft sie nur kurz: „Ich habe die Kuchen für den Senator vergessen. Cornelia ist beim Wagen!“ Und schon ist sie wieder verschwunden. Sie läuft jetzt langsamer, um das Gebäck nicht zu beschädigen, und alles geht gut. Die Mädchen sind rechtzeitig beim Senator. Als Lohn für die Lieferung bekommt Livia viele Sesterzen, die sie sorgfältig in einem Lederbeutel verstaut.

„Puh, das ist nochmal gut gegangen“, seufzt Livia, „aber was meine Mutter mir wohl erzählen wird? Die ist bestimmt sauer, weil ich dich mitgenommen habe."

„Es ist sicher besser, wenn sie uns gleich nicht zusammen sieht", meint auch Cornelia. „Am besten gehst du alleine in die Bäckerei."

Viel zu spät bemerken die Mädchen, dass Livias Mutter schon vor dem Laden auf sie wartet. „Was ist mit den Kuchen für den Senator?", fragt sie sofort.

„Die sind gut angekommen", erklärt Livia schnell, „und alle anderen Sachen auch." Sie drückt ihrer Mutter den dicken Lederbeutel in die Hand.

Ihre Mutter guckt lange auf das Geld und schaut dann die Freundinnen an. „Gut gemacht, ihr beiden!", sagt sie und schenkt jedem Mädchen einen großen Honigkringel. „Ich glaube, Cornelia sollte dich in Zukunft öfter begleiten."

Strahlend schaut Livia ihre Freundin an. Scheinbar ist heute doch ihr Glückstag!

Häuser und Bauten

1 taberna – Wirtschaftsräume, Geschäfte
2 atrium – Hauptraum
3 ala – Flügelraum mit Ahnenschreinen
4 tablinum – Aufenthaltsraum
5 cubiculum – Schlafraum
6 hortus – Garten

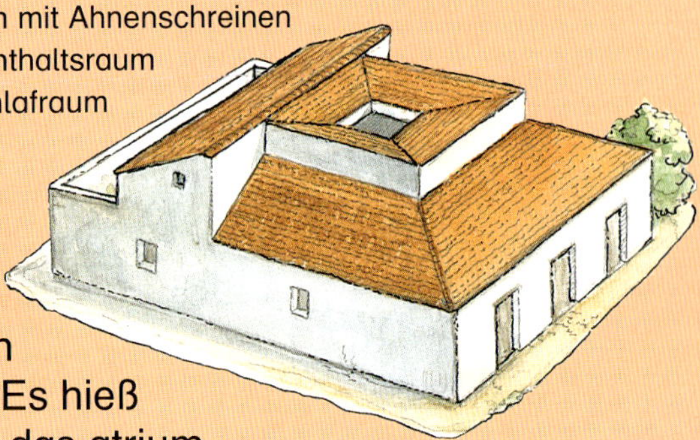

Nur die reichen Römer konnten sich ein eigenes Haus leisten. Es hieß **domus**. Alle Räume lagen um das atrium, den abgeschlossenen Innenhof, herum. Im ersten Stockwerk waren die Schlafzimmer.

Die meisten Menschen wohnten zur Miete in Hochhäusern, den **insulae**. Insula bedeutet Insel. Manche insulae hatten bis zu sechs Stockwerke. Im Erdgeschoss waren meistens Läden. Der Ladenbesitzer wohnte oft direkt darüber.

Die guten Römerstraßen außerhalb der Stadt waren ein Grund dafür, dass Rom immer mächtiger wurde. Kaufleute konnten ihre Waren auch aus weit entfernten Orten nach Rom bringen. Und die Armee konnte auf den Straßen schnell bis in abgelegene Provinzen marschieren.

Wer es sich leisten konnte, schmückte die Fußböden seines Hauses gerne mit **Mosaiken**. Das sind Bilder, die aus tausenden von kleinen bunten Steinchen zusammengesetzt werden. Die Wände wurden häufig mit Wandmalereien verziert.

Durch Wasserleitungen aus Stein wurde das Wasser direkt von den Gebirgsquellen in die Stadt gebracht. Diese Leitungen hießen **Aquädukte**. Reiche Römer waren direkt an die Wasserleitung angeschlossen. Arme mussten zum Brunnen an der nächsten Straßenecke gehen.

Die alten Römer liebten prachtvolle Gebäude. Die Kaiser ließen sich wunderbare Paläste errichten. Für die Götter gab es säulengeschmückte Tempel. Manche der Bauwerke wurden so gut gebaut, dass man die römische Baukunst noch heute bewundern kann.

Imke Rudel wurde 1966 in Bremen geboren. Sie hat Biologie studiert und dabei auch als Imkerin gearbeitet. Eines ihrer liebsten Hobbys ist das Lesen. Nach der Geburt ihrer beiden Kinder hat sie damit begonnen, selbst Bücher zu schreiben. Und das ist seitdem ihre Lieblingsbeschäftigung. Mit ihrer Familie und ihrem Wuschelhund lebt sie heute in Bremen.

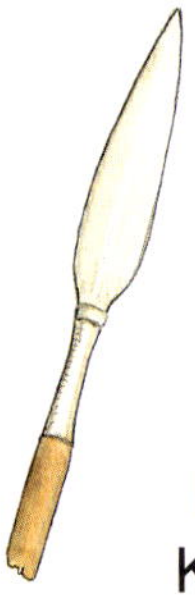

Udo Kruse-Schulz wurde 1960 geboren. Schon in der Schule stand für ihn fest, dass er Illustrator werden wollte. Nach dem Abitur studierte er in Hamburg aber erst einmal klassische Archäologie, bevor er seinen Traum, Grafik mit Schwerpunkt Illustration zu studieren, tatsächlich wahr machte. Udo Kruse-Schulz lebt mit seiner Frau und seinen fünf Katzen in der Nähe von Hamburg.

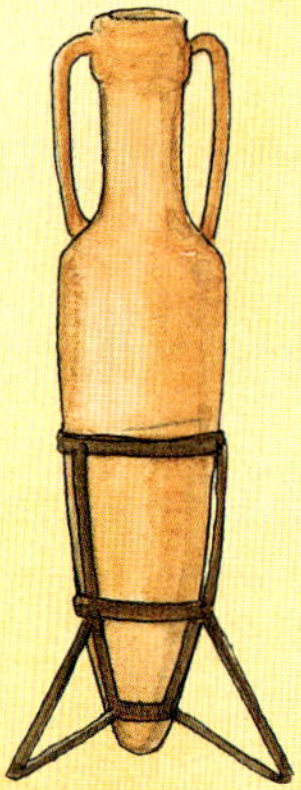

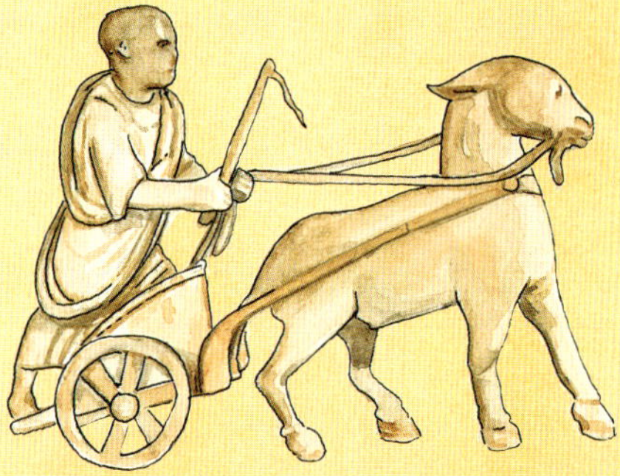

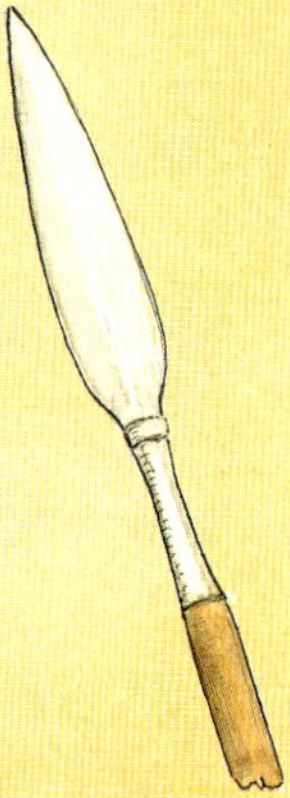

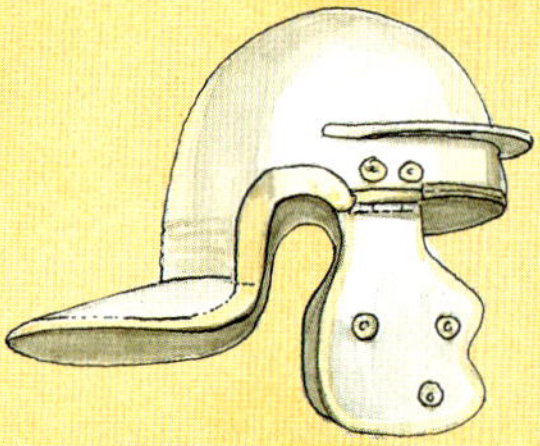

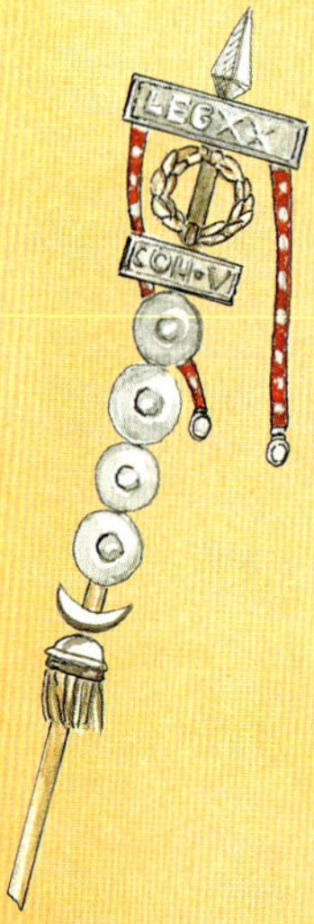
LEG XX
COH·V